a ararajuba

Texto e Ilustrações
Rubens Matuck

BIRUTA
São Paulo - 2011

AGRADECIMENTOS
Nossos sinceros agradecimentos às pessoas que gentilmente nos deram sua inestimável ajuda na realização do trabalho de edição desta obra.

Prof. Dr. Adayr Mafuz Saliba
Hilda Therezinha Pecora Lisboa
Dra. Nicia Wendel de Magalhães

Consultor Técnico
Biol. Werner C. A. Bokermann

Dados Internacionais de Catalogação na Publicação (CIP)
do Departamento Nacional do Livro

M445 Matuck, Rubens.
A ararajuba/Texto e ilustrações Rubens Matuck. – São Paulo : Biruta, 2003.
16p. : il. color. ; 22cm.

ISBN 978-85-88159-09-9

1. Literatura infantojuvenil. I. Título.

CDD 808.899282

6ª edição - 2011

Texto e Ilustrações
Rubens Matuck

Projeto Gráfico e Editoração Eletrônica
Casa Rex

Coordenação Editorial
Editora Biruta

Edição em conformidade com o novo acordo ortográfico da língua portuguesa.

Editora Biruta Ltda.
Rua Coronel José Eusébio 95 Travessa Dona Paula 120 CEP 01239-030
São Paulo SP Brasil
Tel/Fax (11) 3081-5741 Tel (11) 3881-5739
Email: biruta@editorabiruta.com.br
Site: www.editorabiruta.com.br

Alô! Eu sou a Ararajuba

mas também me chamam de jandaia.

Sou muito pequena, rara e bem diferente
de outras jandaias mais conhecidas.

Vivemos em florestas, no topo das árvores mais altas, em bandos de cinco a seis casais.

Podemos ser encontradas no Pará e no Maranhão.

Nós não descemos até o chão das florestas mas,
do alto das árvores, podemos ver vários tipos de animais
que vivem bem mais abaixo.

Antas, sucuris e muitos outros.

Estamos em movimentação constante, sempre

voando

pela floresta. Temos motivos fortes para isto. É assim que achamos alimento.

Escolhemos nosso território
e local para construirmos
nossos ninhos.
Além disso,
somos muito ruidosas e
estamos sempre
gritando.

Na primavera, quando um casal resolve formar uma família, ele se isola do grupo para que os dois possam se acasalar

e preparar o ninho para os ovos.

Os pais tomarão conta dos filhos que nascerem e cuidarão de ensiná-los a enfrentar a luta pela sobrevivência.

Quando os filhotes puderem se defender sozinhos, eles irão, junto com seus pais, reunir-se a um grupo maior.

Para ficarem juntos é necessário que haja alimento suficiente para todos.

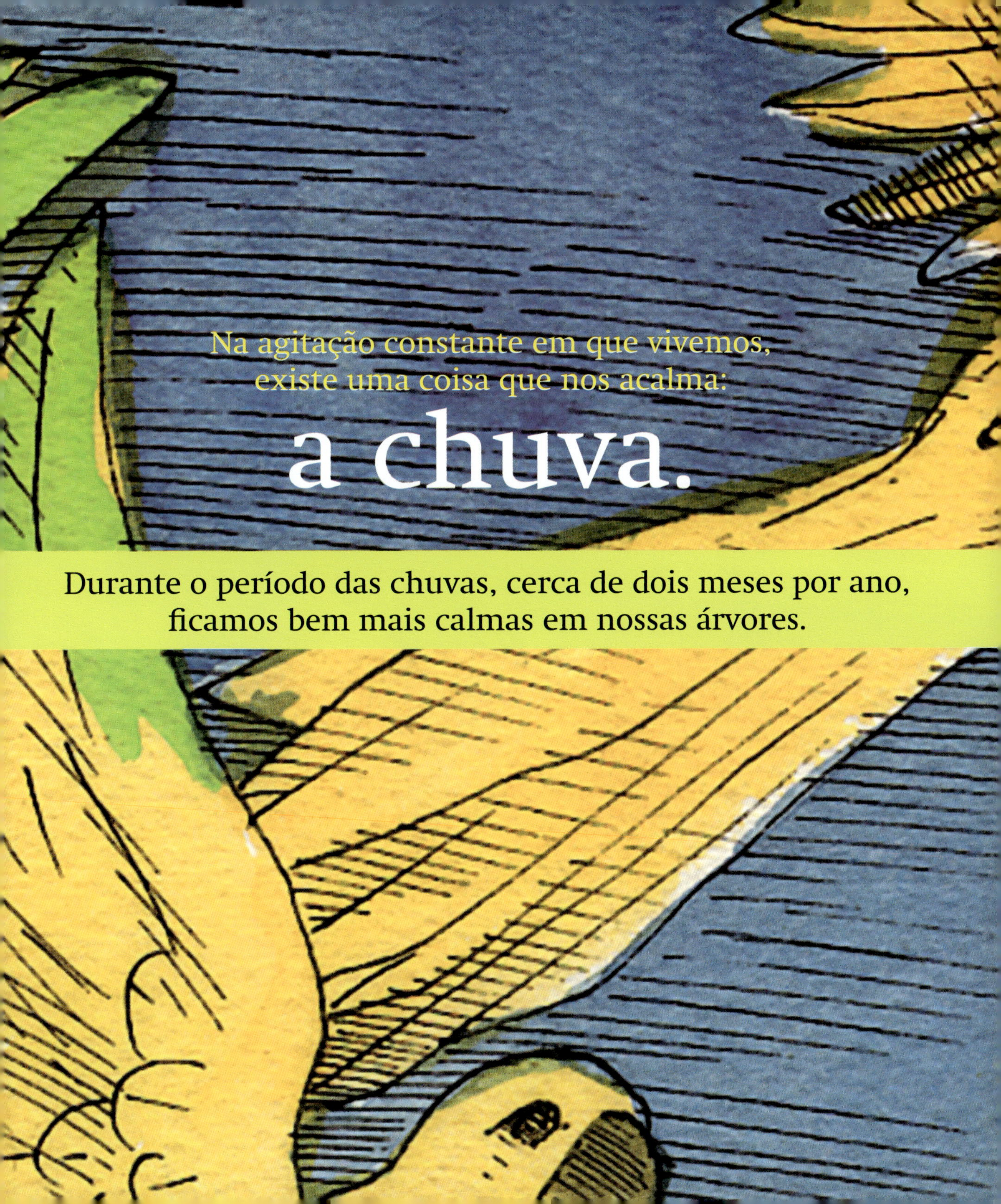

Na agitação constante em que vivemos,
existe uma coisa que nos acalma:

a chuva.

Durante o período das chuvas, cerca de dois meses por ano,
ficamos bem mais calmas em nossas árvores.

Agora que as chuvas já passaram podemos recomeçar nossa movimentação ruidosa e a procura de alimentos e espaço.